NATIONAL
GEOGRAPHIC

D0584311

Arrecifes de coral

EDICIÓN PATHFINDER

Por Peter Winkler

CONTENIDO

Arrecifes de coral

Ciudades en el mar

POR PETER WINKLER

Los castores construyen diques. Las aves construyen nidos. Las abejas construyen colmenas. Eso es todo realmente impresionante. Pero, ¿quiénes son los más grandes arquitectos animales que existen? Puede que sean unas pequeñas criaturas llamadas pólipos de coral. Viven en zonas cálidas y poco profundas de los océanos de la Tierra.

Hay cerca de un millar de especies, o tipos, de coral. La mayoría mide menos de una pulgada de largo, y algunos crecen hasta alrededor de un pie.

El cuerpo del **pólipo de coral** es simple. Tiene la forma de un tubo. Con un extremo se adhiere a una superficie dura. Eso impide que el coral flote por todos lados. En el otro extremo se ubican la boca y los tentáculos, o brazos. Al agitar sus tentáculos, el pólipo atrapa pequeñas plantas y animales para comer.

Además de comer, los pólipos de coral absorben **calcio** del agua del océano. Ahora es cuando las cosas se ponen interesantes.

Construcción de coral

El **calcio** es un mineral importante. El cuerpo lo utiliza para hacer los huesos. Los pólipos de coral también usan el calcio para construir sus esqueletos. Simplemente lo hacen de un modo un poco diferente.

Los pólipos convierten el calcio en una sustancia dura llamada piedra caliza. Depositan la piedra caliza fuera de sus cuerpos. Con el tiempo, una pared en forma de lata termina por rodear al animal. Este es su esqueleto.

Cuando los pólipos de coral mueren, sus esqueletos duros permanecen. Los pólipos pequeños se anclan en la vieja piedra caliza. Estos animales luego construyen sus propios esqueletos. Eso forma una nueva capa de piedra caliza.

Pólipo tras pólipo, capa tras capa, ese ha sido el patrón por millones de años. En muchos lugares, las capas se suman y crean estructuras increíbles conocidas como **arrecifes de coral**.

La Gran Barrera de Coral de Australia

Mega ciudades

Los arrecifes servirían como escenografía perfecta para las películas de ciencia ficción. Las formaciones de coral toman todo tipo de formas salvajes, extrañas y maravillosas. Algunas parecen astas de alce o árboles. Otras se asemejan a coliflores o incluso cerebros gigantes.

Sus formas fantásticas son solo una de las razones por las que los corales dejan a la gente asombrada. El tamaño es otro. Algunos arrecifes son simplemente gigantes. De hecho, los expertos sostienen que los arrecifes de coral son las estructuras más grandes construidas por cualquier especie, incluyendo a los seres humanos.

La más grande de todas es la Gran Barrera de Coral. Se extiende 1250 kilómetros a lo largo de la costa noreste de Australia. Algunas partes del arrecife se extienden 150 millas de la costa. En total, la Gran Barrera de Coral abarca una superficie de 135.000 kilómetros cuadrados. Eso es aproximadamente el tamaño de Nuevo México.

Teniendo en cuenta el tamaño que los arrecifes de coral pueden alcanzar, no es de extrañarse que los científicos a veces los consideren como ciudades bajo el agua. Sin embargo, las estructuras son solo una parte del lugar. Una ciudad debe su personalidad a sus habitantes.

Una multitud colorida

Entonces, ¿quienes viven en estas ciudades marinas? Los arrecifes de coral son el hogar de miles de animales. Estos incluyen cangrejos, anguilas, pulpos, tortugas y tiburones. De hecho, una cuarta parte de todas las especies marinas conocidas vive en los arrecifes. Eso es mucho, especialmente si consideramos que los arrecifes de coral son solo una pequeña parte del medio ambiente oceánico total.

Como era de esperar, hay peces, peces y más peces. Los pequeños blenios se esconden en los rincones y las grietas. Grandes peces loro se deleitan con la piedra caliza de los arrecifes. Y peces voladores se deslizan por el agua con sus aletas con forma de ala.

Entre los residentes más coloridos del arrecife están las **algas**. Algunas variedades de estas plantas microscópicas en realidad viven dentro del cuerpo de los pólipos de coral. Cuando ves colores brillantes en una foto de un arrecife, probablemente lo que estás viendo son algas. Los pólipos en sí son por lo general transparentes.

Sin embargo, estas algas especiales no son únicamente bellas. Producen sustancias químicas que parecen ayudar a los pólipos de coral a crear la piedra caliza.

Blenios

Estructuras de coral

Copa de coral comiendo peces

Comida, diversión y más

Los seres humanos, por supuesto, no viven en las ciudades de arrecifes de coral. Pero nos beneficiamos mucho de ellos. En primer lugar, los arrecifes nos proporcionan alimento. Sus peces y mariscos proporcionan alimentos y empleo para millones de personas.

Los arrecifes también ayudan a proteger nuestras costas. Esas gruesas paredes de coral rompen las olas que de lo contrario estrellarían contra la costa. Eso reduce la erosión, o el desgaste, de las playas.

Hablando de playas, los arrecifes de coral son lugares populares de vacaciones. El turismo es la industria más importante para muchas naciones tropicales.

Como si todo esto fuera poco, los arrecifes contribuyen también a la salud humana. Sustancias químicas de las criaturas del arrecife están ayudando a los científicos a crear nuevas medicinas. Los médicos pueden usarlas para tratar el asma, la leucemia y otros problemas de salud.

En general, los arrecifes de coral son muy importantes. En 1998, el gobierno de los EE.UU. estimó que los arrecifes contribuyen cerca de 400 mil millones de dólares a la economía mundial cada año. Sería lógico que los seres humanos tratáramos a los arrecifes de coral como tesoros. Pero no lo hacemos.

Arrecifes en peligro

En pocas palabras, los arrecifes de coral están en problemas. Los problemas ambientales han destruido aproximadamente una décima parte de los arrecifes del mundo. Una tercera parte se encuentra en terrible estado de salud. A este paso, dicen los expertos, tres cuartas partes de los arrecifes de coral de la Tierra podrían dejar de existir para el año 2050.

¿Qué está sucediendo? Las acciones humanas afectan a los arrecifes de coral de muchas maneras. Para empezar, la gente pesca demasiados peces del arrecife.

Encontrar peces de arrecife puede ser complicado. Los arrecifes de coral tienen muchísimos escondites. Así que los equipos de pescadores a veces hacen volar secciones enteras de un arrecife. Eso hace que sea más fácil extender y arrastrar las redes por el agua. También daña a los arrecifes.

Incluso los admiradores de los arrecifes pueden ser causa de problemas. Algunos buzos demasiado ansiosos tienden a extraer trozos de coral. La compraventa de joyas de coral puede hacer de la destrucción de los arrecifes un negocio rentable, y por lo tanto muy probable.

Muchas personas también se están mudando a las zonas cálidas y costeras cerca de los arrecifes de coral. Más gente significa más contaminación. Los productos químicos de la contaminación causan problemas graves para los arrecifes de coral.

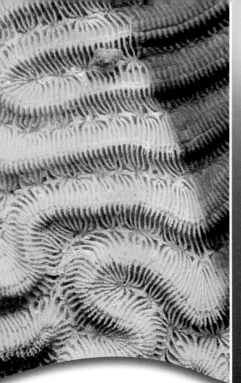

Daño cerebral. *Corales cerebro saludables (arriba) y poco saludables (abajo) muestran cómo los cambios ambientales pueden afectar a los arrecifes.*

Auténtico paraíso marino. *Un buzo explora un arrecife cerca de las Filipinas, un país de Asia.*

Las amenazas al coral

El agua contaminada de las comunidades humanas está dañando los arrecifes de coral más que nunca. Debilitados por la contaminación, los pólipos de coral tienen más dificultades que nunca para hacerles frente a las enfermedades. El agua sucia también causa que crezcan algunos tipos de algas. Estas algas pueden dañar a los pólipos de coral.

Al mismo tiempo que estas algas se vuelven más comunes, los peces que las comen ahora son menos comunes. Como resultado, mantos de algas cubren los arrecifes de coral y sofocan los grandes grupos de pólipos.

Incluso la contaminación del aire afecta a los arrecifes de coral. Los cambios en la atmósfera de la Tierra, incluyendo los océanos, han tornado al planeta ligeramente más caliente. Por alguna razón, el agua tibia causa que los pólipos expulsen a las algas útiles que viven en su interior.

Cuando estas algas especiales se van, sus colores brillantes también se van con ellas. Eso le confiere al arrecife de coral un color blanco, que le da aspecto de muerto. Los científicos llaman a este fenómeno blanqueo.

Gran desafío

¿Podemos salvar los arrecifes de coral? Los expertos dicen que la respuesta es sí. Las personas de todo el mundo solo necesitan trabajar juntas para proteger los arrecifes.

¿Cómo? Una manera clave es creando "zonas marinas protegidas". Unos 65 países ya lo han hecho. La pesca está limitada o incluso prohibida en estos lugares especiales. Otro paso importante es reducir la contaminación del agua.

Los humanos y los pólipos de coral son muy distintos. Sin embargo, ambos construimos ciudades asombrosas. Y ambos nos beneficiaremos si protegemos el planeta hermoso y frágil que compartimos implementando acciones prudentes.

VOCABULARIO

algas: pequeñas plantas que están en el océano

arrecife de coral: estructuras que parecen rocas construidas por los pólipos de coral

calcio: mineral usado para hacer los huesos y los arrecifes

pólipo de coral: animalito que vive en el océano

AMÉRICA
DEL NORTE

EUROPA

ASIA

Océano
Atlántico

Trópico
de Cáncer

ÁFRICA

Océano
Pacífico

Océano
Pacífico

Ecuador

AMÉRICA
DEL SUR

Océano
Índico

AUSTRALIA

Trópico
de Capricornio

☐ Arrecife de coral

ANTÁRTIDA

Coral
ALREDEDOR DEL MUNDO

El coral prospera en aguas tibias y poco profundas. Mira el mapa
para ver dónde se encuentran muchos arrecifes de coral.
A continuación, echa un vistazo a los siguientes datos para
descubrir por qué los arrecifes necesitan protección.

⭐ **Los arrecifes de coral cubren menos del uno por
ciento de la superficie de los océanos del mundo.**

⭐ **Alrededor de un diez por ciento de los alimentos
del mundo proviene de los arrecifes de coral.**

⭐ **Los arrecifes de coral protegen las costas de 109
países de la erosión del agua, o el desgaste de la
tierra producido por el agua.**

⭐ **Veinticinco por ciento de las especies del océano
vive en los arrecifes de coral o alrededor de ellos.**

⭐ **Es posible que cerca de un treinta por ciento de los
arrecifes de coral sean destruidos o gravemente
dañados en los próximos diez años.**

7

El equilibrio de la vida

Los arrecifes de coral son comunidades. Construyen hogares submarinos para muchos tipos de seres vivos. Los arrecifes proporcionan alimentos, refugio y mucho espacio para los animales.

Sin embargo, como en cualquier comunidad, en el arrecife de coral existe un complejo equilibrio vital. A veces, sus habitantes tienen necesidades que los hace competir entre sí. Eso es especialmente cierto en relación al alimento.

Ya ves, algunos animales del arrecife son depredadores. Se alimentan de otros animales. Algunos animales del arrecife son presas. Son las criaturas desafortunadas que terminan siendo la comida de otras. Y algunos son ambas cosas. Por ejemplo, un cangrejo puede comer un pececito para la cena. Luego una morena puede comerse el cangrejo.

Así es la vida en un arrecife de coral. O comes o te comen. Es una regla del arrecife.

¡No me comas!

Una gran cantidad de animales hambrientos viven en el arrecife. Así que no siempre es fácil evitar formar parte del menú. Muchas criaturas pasan tanto tiempo tratando de evitar que las coman como buscando alimento.

Por suerte, los arrecifes de coral proporcionan muchísimos lugares para esconderse. Los pequeños peces nadan como flechas a través de grietas en el coral. Los camarones se esconden fuera del alcance y de la vista. Los recovecos y las grietas del arrecife los mantienen a salvo.

Para otros animales no es tan fácil. Por ejemplo, los pólipos de coral están anclados en un solo lugar. No se pueden mover de un lugar a otro. ¿Cómo se las arreglan para no convertirse en comida?

Los pólipos de coral contienen una gran cantidad de cera. La mayoría de los animales no pueden digerir la cera. Además, un bocado de cera no tiene un sabor muy agradable que digamos. Así es como evitan que se los coman.

Asesino de coral.
Esta corona de espinas come los pólipos de coral.

Un gusto por la cera

Se podría decir que los pólipos de coral tienen todo resuelto. La mayoría de los depredadores los pasan por alto. Sin embargo, los pólipos no están libres de depredadores. De hecho, algunos animales han desarrollado un gran gusto por ellos.

La estrella de mar corona de espinas es un ejemplo. Esta extravagante criatura tiene el aspecto de una planta. Está cubierta de espinas filosas. Tendrías que observarla por un buen tiempo para verla moverse. Por eso nunca supondrías que esta criatura lenta es un feroz depredador de los pólipos de coral.

A la corona de espinas no le importa si el coral sabe bien o mal. Eso es porque no come con la boca. En cambio, la estrella de mar empuja el estómago fuera de su cuerpo. Luego deja caer el estómago sobre los pólipos. Suena rarísimo, pero esto le ayuda a la estrella de mar a digerir el ceroso coral.

Demasiado, no suficiente

La corona de espinas tiene algo muy bueno a su favor. Hay muchísimos pólipos para comer. Las estrellas de mar tampoco tienen muchos depredadores. Así que su número va en aumento. Este es un gran problema.

Lo que es bueno para las estrellas de mar es malo para el arrecife. Las estrellas de mar matan a los pólipos de coral. Con menos pólipos de coral, el arrecife deja de crecer. Y eso se traduce en problemas para las especies que dependen de los arrecifes.

El tritón gigante es uno de los únicos animales que se come a las estrellas de mar. Este caracol puede ayudar a mantener las estrellas de mar bajo control. El problema es que el tritón gigante está desapareciendo en algunas zonas.

¿Por qué? Se debe principalmente a que la gente los caza por sus conchas. Así es que la gente está matando a los caracoles tritones gigantes. Al mismo tiempo, también pueden estar dañando los arrecifes de coral.

La vida en el arrecife.
*Una tortuga marina carey
busca alimento en un arrecife.*

Llevándose bien

En una comunidad de arrecife de coral, las plantas y los animales dependen unos de otros. Cuando el equilibrio de los depredadores y las presas se ve afectado, todo el arrecife puede cambiar.

Sin embargo, la vida en un arrecife no es solo competencia. A veces hay cooperación: los animales se ayudan entre sí. Tal es el caso de los peces payaso y las anémonas de mar.

Las anémonas de mar son animales que tienen aguijón. Pueden picar con el aguijón a los peces que se acercan demasiado. La picadura no afecta al pez payaso, pero sí afecta a sus depredadores. Así que la anémona de mar en realidad protege al pez payaso.

A cambio, la anémona obtiene fácilmente algo de alimento. Se alimenta de los peces que pica con el aguijón. También obtiene protección. Eso se debe a que el pez payaso ahuyenta a algunos de los depredadores de la anémona.

Uno para todos y todos para uno

Los peces payaso y las anémonas no son las únicas criaturas que cooperan en el arrecife. Otros animales también se asocian para sobrevivir. Por ejemplo, diferentes tipos de peces a veces trabajan juntos.

Ciertos pececitos llamados lábridos limpian los parásitos de los peces más grandes. Los parásitos son pequeños animales que hacen que los peces se enfermen. A cambio de la limpieza gratuita, el pez grande deja a los lábridos tranquilos.

Tal competencia y cooperación definen la vida en el arrecife. Son parte del equilibrio de la vida. Estas relaciones ayudan a mantener el arrecife de coral vivo y sano.

Ya se trate de depredadores contra presas o de socios de por vida, los animales en un arrecife se necesitan entre sí. Dependen el uno del otro -y del arrecife- para obtener alimento, refugio y para vivir.

Haciendo payasadas.
El pez payaso y la anémona de mar son socios. Se ayudan mutuamente para sobrevivir.

Arrecifes de coral

Sumérgete en estas preguntas para mostrar lo que sabes sobre los arrecifes de coral.

1. ¿Cómo se forman los arrecifes de coral?

2. ¿Cómo se benefician las personas de los arrecifes de coral?

3. ¿Cómo están las personas lastimando a los arrecifes de coral?

4. ¿Por qué es la estrella de mar corona de espinas tanto depredador y como presa?

5. ¿Cómo se ayudan entre sí algunos animales del arrecife para sobrevivir?